. Anonymous

**Die Kirche**

. Anonymous

**Die Kirche**

ISBN/EAN: 9783743339941

Hergestellt in Europa, USA, Kanada, Australien, Japan

Cover: Foto ©Lupo / pixelio.de

Manufactured and distributed by brebook publishing software (www.brebook.com)

. Anonymous

**Die Kirche**

**Freiburg im Breisgau.**
Herder'sche Verlagshandlung.
1875.
Zweigniederlassungen in Strassburg, München u. St. Louis, Mo.

„Das sind keine Zeiten, die Hände in den Schooss zu legen, wenn alle Feinde Gottes daran sind, Alles, was ehrwürdig ist, umzustürzen."

Pius IX. am 13. Jan. 1874.

„Ja, diese Aenderung, dieser Triumph wird kommen. Ich weiss nicht, ob er noch zu meinen Lebzeiten kommen wird, zu den Lebzeiten dieses armen Stellvertreters Jesu Christi; dass er aber kommen muss, weiss ich. Die Auferstehung wird eintreten, und wir werden das Ende aller Gottlosigkeit sehen."

Pius IX. am Jahrestag des röm. Plebiscits 1872.

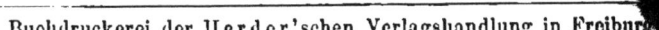

Buchdruckerei der Herder'schen Verlagshandlung in Freiburg

# Inhalt.

| | Seite |
|---|---|
| 1. Stand der Frage | 1 |
| 2. Entfernte Ursache der gegenwärtigen Schwierigkeiten | 3 |
| 3. Nächste Ursache | 7 |
| 4. Gibt es einen Ausweg? | 9 |
| 5. Welches ist der Ausweg? | 10 |
| 6. Der Ausweg | 12 |
| 7. Die Sendung des hl. Geistes | 13 |
| 8. Die Männer, welche unsere Zeit erfordert | 15 |
| 9. Die Kirche hat diesen Weg betreten | 17 |
| 10. Zweifache Wirksamkeit des hl. Geistes | 20 |
| 11. Neue Phase der Kirche | 22 |
| 12. Mission der Volksstämme | 25 |
| 13. Einige von den Ursachen des Protestantismus | 27 |
| 14. Die gegenwärtigen sächsischen Verfolgungen | 29 |
| 15. Rückkehr der sächsischen Volksstämme zur Kirche | 31 |
| 16. Rückkehr der gemischt-sächsischen Volksstämme | 35 |
| 17. Umwandlung der lateinisch-celtischen Stämme | 38 |
| 18. Aussicht in die Zukunft | 40 |

# Die Kirche

betrachtet

mit Rücksicht auf die gegenwärtigen Streitfragen

und die Bedürfnisse unserer Zeit.

## 1. Stand der Frage.

Die katholische Kirche befindet sich, von Rom angefangen, durch die ganze Welt in einem Leidenszustande. Es gibt kaum einen Fleck Erde, wo sie nicht mit Ungerechtigkeit, Unterdrückung oder gewaltsamer Verfolgung angegriffen würde. Gleich ihrem göttlichen Stifter in seinem Leiden hat sie an jedem Glied ihre besondere Leidensprobe zu bestehen. Alle Pforten der Hölle sind geöffnet, und jegliche Art des Angriffs ist auf einmal, wie bei einer allgemeinen Verschwörung, auf die Kirche losgelassen.

Länder, in welchen die Katholiken alle andern Christen zusammengenommen an Zahl übertreffen, wie Frankreich, Oesterreich, Italien, Spanien, Bayern, Baden, Südamerika, Brasilien und bis vor Kurzem Belgien, sind fast ganz von kirchenfeindlichen Minoritäten beaufsichtigt und beherrscht, und zwar mitunter von sehr geringen Minoritäten.

Die Gegner der Kirche weisen mit Hohn auf diese Thatsachen hin und verkünden sie laut aller Welt. Schauet, sagen sie, auf Polen, Irland, Portugal, Spanien, Bayern, Oesterreich, Italien, Frankreich, was sehet ihr? Unterjochte oder entnervte oder von innerer Angst vor der Revolution aufgeregte Länder. Ueberall ist unter den katholischen Nationen nur Schwäche und Unfähigkeit zu erblicken. Das ist das Resultat der Priesterherrschaft und des hierarchischen Einflusses von Rom.

Häresie und Schisma, falsche Philosophie, falsche Wissenschaft und falsche Kunst, ränkevolle Diplomatie, Unglaube und Atheismus erheben mit einander kühn das Haupt und greifen die Kirche trotzig an, während geheime Gesellschaften von weltweiter Organisation sich im Stillen verpfändet haben, die Macht derselben im Volke zu untergraben. Sogar der kranke Mann, der Türke, der nach dem Winke der sogenannten christlichen Nationen lebt, versetzt der Kirche schamlos Fusstritte, indem er sehr wohl weiss, dass es in Europa keine Macht mehr gibt, welche offen ihre Stimme zu deren Vertheidigung erheben will.

Wie Mancher empfindet um dieses schrecklichen gegen die Kirche entbrannten Kampfes willen im Geheimen bitteren Seelenschmerz! Wie Mancher befindet sich im Zweifel, indem er nicht weiss, was thun und wo sichere Führung finden! Wie Mancher schwankt zwischen Hoffnung und Furcht! Ach, zu Viele haben schon ihren Glauben verloren!

Strafbar ist das Schweigen und unedel die Furcht, welche den Mund verschliessen wollte zu einer Zeit, wo Gott, Kirche und Religion überall entweder offen geläugnet, frech angegriffen oder stolz verfolgt werden. In Prüfungszeiten, wie diese sind, ist Schweigen oder Furcht — Verrath.

Die Hand Gottes waltet gewiss in diesen Ereignissen, und gewiss sollten wir diess im Licht des göttlichen Glaubens erkennen. Durch die Nebel, welche jetzt die Kirche umdunkeln, sollte das Licht der göttlichen Hoffnung hindurchdringen und uns befähigen, eine bessere und hellere Zukunft zu erkennen; denn diese ist's, die für Kirche und Welt vorbehalten ist. Jene Liebe, die zugleich die grösste Verherrlichung Gottes und das höchste Glück des Menschen in sich begreift, sollte alle Furcht vor Missdeutungen überwiegen und dazu drängen, Gottes Hand Allen klar zu zeigen, die sehen wollen, und sie hinzuweisen auf den Weg zu jener glücklicheren und froheren Zukunft.

Was hat denn diesen so beklagenswerthen Zustand der Dinge hervorgerufen? Wie können wir diesen offenbaren Mangel an Glauben und Muth auf Seite der Katholiken erklären? Kann es wahr sein, was ihre Feinde behaupten, dass der Katholicismus, wo immer er das volle Uebergewicht hat, die Gesellschaft verschlimmert? Oder ist es dem Geiste des Christenthums entgegen, dass die Christen mit aller Macht dahin streben sollen, über das Böse in der Welt die Oberhand zu gewinnen? Ist vielleicht die katholische Kirche alt geworden, wie Andere sich einbilden? Hat sie ihre Aufgabe erfüllt, und ist sie nicht mehr fähig, die widerstreitenden Interessen der modernen Gesellschaft zu versöhnen und diese zu ihrer wahren Bestimmung hinzuleiten?

Das sind sehr ernste Fragen. Ihre Beantwortung schliesst nothwendig die wichtigsten Lehren in sich. Nur ein schwacher Umriss einer Auseinandersetzung kann hier auf einem so weiten Felde der Untersuchung gegeben werden.

## 2. Entfernte Ursache der gegenwärtigen Schwierigkeiten.

Einer der Hauptzüge der Geschichte der Kirche in den letzten drei Jahrhunderten ist ihr Kampf mit der religiösen Revolution des 16. Jahrhunderts, dem eigentlich sogenannten Protestantismus, gewesen. Die Natur des Protestantismus kann definirt werden als die übertriebene Ausbildung der persönlichen Unabhängigkeit, die auf Negirung der göttlichen Auctorität der Kirche gerichtet ist und dieselbe mit der Person ihres höchsten Repräsentanten, des Papstes, zu stürzen sucht.

Es ist ein constantes, in der wahren Natur der Kirche begründetes Gesetz, dass jede ernste und andauernde Läugnung einer göttlich geoffenbarten Wahrheit ihre kräftige Vertheidigung nothwendig macht, ihre grössere Entwicklung hervorruft und endlich in der dogmatischen Definition ihren Abschluss findet.

Die Geschichte der Kirche ist reich an Beispielen für diese Thatsache. Eines möge genügen. Als Arius die Gottheit Christi, die stets als göttlich geoffenbarte Wahrheit gegolten hatte, läugnete, da wurden mit einemmale die Lehrer der Kirche und die Gläubigen zu deren Vertheidigung aufgeweckt. Ein allgemeines Concil ward nach Nicäa berufen, und dort wurde jene Wahrheit für immer als ein Dogma des katholischen Glaubens definirt und fixirt. Vom ersten Concil zu Jerusalem bis zum Vaticanischen hat sich stets das Gesetz gezeigt, dass die Läugnung einer geoffenbarten Wahrheit eine vollere Entwicklung und ausdrückliche dogmatische Definition derselben zur Folge hatte. Das Concil von Trient widerlegte und verurtheilte die Irrthümer des Protestantismus zur Zeit ihrer Geburt und stellte die Wahrheiten fest, gegen welche sie gerichtet waren; doch aus weisen und zureichenden Gründen nahm es davon Abstand, auf den Zielpunkt des Angriffs, welcher nothwendig die göttliche Auctorität der Kirche war, einzugehen. Man fand ja durchaus keinen stichhaltigen Grund zu einem Protest gegen die Kirche und musste darum ihre Berechtigung läugnen. Das wäre der Höhepunkt der Absurdität gewesen, eine Auctorität, und zwar eine göttliche, zuzulassen, und zur selben Zeit sich ihren Entscheidungen nicht unterwerfen zu wollen. Damals wusste man ebenso gut, wie man es jetzt weiss, dass der Schlussstein des ganzen Gebäudes der Kirche ihr Haupt war. Das Papstthum umstürzen, hiesse die Kirche überwinden.

Die höchste Gewalt in der Kirche war für eine lange Reihe von Jahren der Mittelpunkt, um welchen der Kampf zwischen den Gegnern und den Vorkämpfern des Glaubens wüthete.

Die Läugnung der päpstlichen Auctorität in der Kirche veranlasste nothwendigerweise die vollere Entwicklung derselben. Denn so lange die feindliche Bewegung in ihren Angriffen vordrang, so lange war die Kirche genöthigt, ihre Vertheidigung zu verstärken und in jeder Sphäre ihrer Wirksamkeit eine strictere und speciellere Anwendung ihrer Auctorität zu machen, in der Hierarchie, in der allgemeinen Disciplin und bei den persönlichen Handlungen ihrer Kinder. Jede neue Läugnung war von einer neuen Vertheidigung und einer neuen Geltendmachung begleitet. Die Gefahr war auf Seiten der Auflehnung, die Sicherheit auf Seiten der Unterwerfung. Das Gift war eine übertriebene geistige Unabhängigkeit, das Gegengift wachsender Gehorsam gegen die äussere Auctorität der Kirche.

Die Hauptthätigkeit der Kirche in den letzten drei Jahrhunderten war der Erhaltung jener Auctorität gewidmet, welche dem hl. Petrus und seinen Nachfolgern von Christus übertragen wurde, im Gegensatz zu den Anstrengungen des Protestantismus, diese Auctorität über den Haufen zu werfen; der Streit wurde von der auf dem Vaticanischen Concil versammelten Kirche durch die dogmatische Definirung der päpstlichen Unfehlbarkeit für immer beendigt. Luther erklärte den Papst für den Antichrist; die katholische Kirche behauptete, der Papst sei der Stellvertreter Jesu Christi. Luther brandmarkte den römischen Stuhl als den Sitz des Irrthums; das Concil bezeichnete den römischen Stuhl, den Stuhl Petri, als den unfehlbaren Ausleger der göttlich geoffenbarten Wahrheit. Diese Definition endigte den Streit.

In der dringenden Nothwendigkeit, den päpstlichen Stuhl zu vertheidigen, ward die Gesellschaft Jesu gegründet. Die Widerlegung der Waldenser- und Albigenser-Irrthümer war nicht mehr nothwendig, noch waren Gefahren zu bekämpfen, wie sie aus dem Reichthum und Luxus der Gesellschaft hervorgehen. Die ersteren wurden bekämpft und überwunden von den Dominicanern, die letztern von den Söhnen des hl. Franciscus. Aber neue und fremdartige Irrthümer kamen auf, und beunruhigende Drohungen wurden von einer ganz andern Seite laut. Furchtbare Stösse gegen den Schlussstein der göttlichen Verfassung der Kirche wurden unternommen und ausgeführt, und Millionen ihrer Kinder waren in offener Empörung. In dieser grossen Krisis führte, wie in den vorhergehenden, die göttliche Vorsehung neue Männer und neue Waffen herbei, um den neuen Gefahren zu begegnen. St. Ignatius, voll Glaube und von heldenmüthigem Eifer beseelt, kam als Retter, indem er eine Armee von Männern bildete, die sich dem Dienste der Kirche gelobten und ganz vorzüglich geeignet waren, den besondern Gefahren entgegenzutreten. Das Papstthum war das

Angriffsziel: die Glieder der Gesellschaft Jesu mussten die Vorkämpfer des Papstes, seine Leibgarde, werden. Die päpstliche Auctorität wurde geläugnet: die Söhne des hl. Ignatius mussten ein besonderes Gelübde machen, dem heiligen Vater zu gehorchen. Der herrschende Geist der Zeit war Ungehorsam: die Glieder seiner Genossenschaft mussten darnach streben, vollkommene Muster der Tugend und des Gehorsams zu werden, Männer, deren Wille nie in Widerspruch käme mit der unfehlbaren Auctorität der Kirche. Die unterscheidenden Züge eines vollkommenen Jesuiten bilden die Antithesen eines vollendeten Protestanten.

Die vom hl. Ignatius gegründete Gesellschaft unternahm eine schwierige und heroische Aufgabe, eine Aufgabe, die, ihrer Natur nach unpopulär, vor Allem von ihren Mitgliedern eine vollständige Verläugnung dessen verlangte, was dem Menschen das Theuerste ist, des eigenen Willens. Es ist kein Wunder, dass das Heer ihrer Martyrer so zahlreich und das Verzeichniss ihrer Heiligen so gross ist.

Insofern der Weg, ein Laster zu überwinden, in der intensiveren Uebung der entgegengesetzten Tugend besteht, und insofern Beichtstuhl und geistliche Leitung die geeigneten Mittel sind, die Auctorität der Kirche im Gewissen und in den persönlichen Handlungen der Gläubigen zur Geltung zu bringen, bestanden die Glieder der Gesellschaft Jesu auf der häufigen Uebung des einen und der Nothwendigkeit des andern. In kurzer Zeit galten die Jesuiten als die tüchtigsten und gesuchtesten Beichtväter und geistlichen Führer in der Kirche.

Hauptsächlich entfalteten sie ihre Wirksamkeit durch das reiche Wissen ihrer Theologen, durch die Logik ihrer Controversisten, durch die Beredsamkeit ihrer Prediger, durch die Vortrefflichkeit ihrer geistlichen Schriftsteller und vor Allem durch den Einfluss ihres persönlichen Beispiels, indem sie Millionen vor dem Anschluss an den grossen Aufruhr gegen die Kirche bewahrten, Millionen, die irre gegangen, wieder zurückführten, und indem sie dem numerischen Wachsthum des Protestantismus fast gleichzeitig mit dem Entstehen desselben eine Schranke entgegensetzten.

Ihren Arbeiten und ihrem Einfluss ist es hauptsächlich zuzuschreiben, dass das unterscheidende Merkmal eines echten Katholiken während der letzten drei Jahrhunderte in einer besondern Ergebenheit gegen den heiligen Stuhl und in einem kindlichen Gehorsam gegen die Stimme des Papstes, des gemeinsamen Vaters der Gläubigen, bestanden hat.

Das Bestehen der vom hl. Ignatius von Loyola gegründeten Gesellschaft musste zur dogmatischen Definition der päpstlichen Unfehlbarkeit führen; denn diese war das entscheidende Wort des Sieges der göttlichen Wahrheit über den specifischen Irrthum, gegen welchen anzukämpfen die Jesuiten berufen waren.

### 3. Nächste Ursache.

Die Kirche musste, so lange sie dem Protestantismus Widerstand leistete, ihr Hauptaugenmerk und ihre vorzügliche Kraft auf diejenigen Punkte richten, welche angegriffen wurden. Gleich einem weisen Strategen zog sie darum ihre Streitkräfte von den sicheren Plätzen ab und führte sie auf jene Posten, wo Gefahr drohte. Da sie am allermeisten mit der Vertheidigung ihrer äusseren Auctorität und Organisation beschäftigt war, so wurden die Gläubigen sowohl in Absicht der Vertheidigung, als in Rücksicht auf die Gefahren der Zeit besonders zur Uebung der Tugend des Gehorsams angeleitet. Ist es da zu verwundern, dass der Charakter der ausgebildeten Tugenden mehr passiv als activ war? Das Gewicht der Auctorität lag ja viel mehr in der Einschränkung, als in der Entwicklung persönlich unabhängigen Handelns.

Je mehr die persönliche Auctorität auf Seiten der Protestanten in den Vordergrund gestellt wurde, um so mehr ward dieselbe in der Kirche beschränkt, damit ihre göttliche Autorität die rechtmässige Bewegung haben und ihren heilsamen Einfluss ausüben könne. Die Irrthümer und Uebel der Zeit entsprangen aus einer uneingeschränkten persönlichen Unabhängigkeit, welche nur durch den Zustand erhöhter persönlicher Abhängigkeit überwunden werden konnte. „Contraria contrariis curantur." Die Vertheidigung der Kirche und die Rettung der Seele waren gemeinhin gesichert durch die Beschränkung von Eigenthümlichkeiten, welche sonst die Kraft christlicher Mannhaftigkeit ausmachen.

Der Gewinn war die Erhaltung und der Sieg der göttlichen Wahrheit und die Rettung der Seele. Der Verlust war eine gewisse Abnahme an Energie, die eine geschwächte Thätigkeit auf natürlichem Gebiete zur Folge hatte. Ersteres war ein bleibender und unschätzbarer Gewinn; letzteres ein zeitlicher und ersetzbarer Verlust. Es war kein Raum für eine Wahl. Die Gläubigen waren in eine Lage versetzt, in welcher es ihre unabänderliche Pflicht war, der Vorschrift des Herrn nachzukommen, die ausgesprochen ist in den Worten: „**Es ist dir besser, in das Leben einzugehen verstümmelt oder lahm, als zwei Hände oder zwei Füsse zu haben und in das ewige Feuer geworfen zu werden.**"[1]

In den eben in Kürze aufgestellten Grundsätzen dürfte zum grössten Theil die Erklärung dafür gegeben sein, warum fünfzig Millionen Protestanten für eine lange Zeit allgemein einen beschränkenden Einfluss auf zweihundert Millionen Katholiken geübt haben, indem sie die Bewegungen und Geschicke der Nationen leiteten. Derselben Quelle dürfte die Thatsache zuzuschreiben sein, dass katholische Nationen, wenn die Nothwendigkeit sich geltend machte, einen Mann von grosser persönlicher Energie an die Spitze ihrer Angelegenheiten zu stellen, selten zögerten, einen indifferenten Katholiken oder einen Protestanten oder gar einen Ungläubigen zu wählen. Diese Grundsätze erklären auch, wie Oesterreich, Frankreich, Bayern, Spanien, Italien und andere katholische Länder sich einer Handvoll thätiger und entschlossener Radicalen, Ungläubigen, Juden oder

---

[1] Matth. XVIII, 8.

Atheisten unterworfen haben und dazu getrieben worden sind, ihre Concordate mit dem hl. Stuhl zu verletzen oder zu annulliren und ihre politischen Institutionen in einer den Interessen der katholischen Religion feindlichen Richtung zu ändern. Endlich liegt hierin das Geheimniss, warum in diesem Augenblick die Katholiken beinahe überall von fast verschwindenden Minoritäten unterdrückt und verfolgt werden. In der natürlichen Ordnung der Dinge ist der Schwächere stets da, dem Stärkeren zu dienen. Trotz numerischer Ueberlegenheit ruft offenbare Schwäche auf der einen Seite von der anderen, wo man das Bewusstsein der Macht hat, Unterjochung und Unterdrückung hervor.

### 4. Gibt es einen Ausweg?

Ist die göttliche Gnade einzig auf Kosten der natürlichen Kräfte gegeben? Ist ein wahres christliches Leben allein möglich durch das Opfer einer glücklichen natürlichen Lebensbahn? Werden die Dinge bleiben, wie sie jetzt sind?

Die gesammte Geschichte der katholischen Religion verurtheilt solche Annahmen als die gröbsten Irrthümer und als böswillige Verleumdungen. Schauet auf die kleine Zahl der Gläubigen und ihren endlichen Triumph über das grosse, colossale Römerreich! Blickt auf die Unterwerfung der zahllosen und siegreichen Horden der nördlichen Barbaren! Betrachtet überdiess die Tapferkeit der Ritter der Kirche, welche bei der Abwehr des drohenden Muselmannes deren Vorkämpfer waren; war doch jeder einzelne von ihnen nach seiner Ordensregel gebunden, vor zwei Türken nicht zu weichen! Ruft euch in's Gedächtniss die grossen Entdeckungen, welche kirchlicherseits in allen Zweigen des Wissens gemacht wurden, und die Erhabenheit der künstlerischen Leistungen, welche sich bei den Söhnen der Kirche entwickelten: auf ihnen beruht, wie jedes ehrenhafte Urtheil anerkennen muss, der ganze moderne Fortschritt und die moderne Civilisation. Lange bevor man vom Protestantismus träumte, haben katholische Staaten in Italien eine Stufe des Wohlstandes, der Macht und des Ruhmes erreicht, zu welcher — das ist das Geständniss eines protestantischen Geschichtsschreibers — keine protestantische Nation seitdem gelangt ist.

Es liegt also in der Natur der Dinge kein Grund vor, warum die jetzige Lage der Katholiken in der Welt bleiben sollte, wie sie ist. Das Blut, das in unseren Adern rollt, die Gnaden, die uns im Sacrament der Taufe gegeben sind, das Licht unseres Glaubens, das göttliche, lebenspendende Brod, das wir empfangen, es sind alle dieselben Gaben und Vorrechte, die wir mit unseren grossen Vorfahren gemein haben. Wir sind die Kinder derselben mächtigen Mutter, die immer fruchtbar ist an Helden und grossen Männern. Der gegenwärtige Zustand der Dinge ist weder verderblich noch bleibend, sondern nur eine der vielen Episoden in der grossartigen Geschichte der Kirche Gottes.

## 5. Welches ist der Ausweg?

Ein besserer Beweis für die Wahrheit der eben gemachten Aufstellungen ist nicht nöthig als der, welcher in der Thatsache liegt, dass alle Katholiken der Welt mit der Lage der Dinge unzufrieden sind. Die Welt behandelt ausführlich wie nie zuvor Probleme, welche in das Wesen der Religion eindringen oder mit derselben verknüpft sind. Viele ernsten Geister sind mit der Frage nach Erneuerung der Religion und der Wiedergeburt der Gesellschaft beschäftigt. Die Anschauungen, in welchen Fragen dieser Art betrachtet werden, sind eben so verschieden, als die vorgeschlagenen Mittel zahlreich sind. Nur einige der wichtigsten mögen hier angegeben werden.

Eine Klasse von Männern will damit beginnen, auf die Versöhnung aller christlichen Bekenntnisse hinzuarbeiten und versuchen, Einheit in die Christenheit zu bringen, indem sie diess für den Weg zur allgemeinen Restauration hält. Eine andere Klasse trägt sich mit der Idee, das Mittel würde gefunden sein in einer tieferen und religiöseren Erziehung der Jugend auf Schulen, Collegien und Universitäten. Einige möchten die Kirche erneuern durch Uebertragung ihrer Liturgie in die Landessprache, durch Reducirung der Zahl ihrer Andachtsformen und dadurch, dass sie ihrem Gottesdienst eine grössere Einfachheit gäben. Andere hinwiederum schlagen vor, die Verfassung der Kirche durch allgemeine Wahlen in der Hierarchie zu ändern, indem sie dem Laien-Element einen grösseren Antheil an der Leitung kirchlicher Dinge zusprechen und Nationalkirchen gründen wollen. Es gibt auch Solche, die auf einen besseren Stand der Dinge hoffen, falls Heinrich V. auf den Thron Frankreichs und Don Carlos auf den Thron Spaniens gelangte. Andere dagegen, die alles Vertrauen auf Fürsten verloren haben, blicken mit grossen Erwartungen auf eine christliche Demokratie, auf eine heilige römische Demokratie, ebenso wie es vordem ein heiliges römisches Reich gab. Nicht wenige beschäftigen sich mit der Idee, Kapital und Arbeit zu versöhnen durch Aenderung des Erbbesitzes und durch Abschaffung der stehenden Heere. Andere bringen eine Restauration des Völkerrechts in Vorschlag, einen Congress der Nationen und eine erneuerte und strictere Beobachtung des Decalogs. Nach einer anderen Schule haben kirchliche Anschauungen ihre Macht im Volke verloren; ihre Aufgabe, die Gesellschaft zu leiten, ist auf die Wissenschaft übergegangen, und ihr Apostolat hat begonnen. Dazu kommen Solche, die der Meinung sind, die Gesellschaft könne nur durch eine unermessliche Katastrophe geheilt werden, ohne dass sie sagen können, welche grosse Umwälzung sich ereignen und das Menschengeschlecht retten soll. Endlich sagt man uns, dass die Herrschaft des Antichrists begonnen hat, dass überall die Zeichen davon zu erkennen sind, und dass wir am Vorabende vom Ende der Welt stehen.

Das sind nur wenige von den Entwürfen, Plänen und Gedanken, welche erörtert werden und mehr oder weniger die öffentliche Meinung beschäftigen und aufregen. Wie viel Wahrheit oder Irrthum, wie viel Gutes oder Schlimmes jede oder alle diese Theorien in sich schliessen, das herauszufinden würde eine ganze Lebensdauer in Anspruch nehmen.

Das Heilmittel gegen die bestehenden Uebel muss, wenn es ausführbar sein soll, auf einem anderen Wege gesucht werden. Wenn der Wurzel eines Baumes neues Leben mitgetheilt wird, so werden sich die Wirkungen davon bald in allen Aesten, Zweigen und Blättern zeigen. Ist es nicht möglich, an die Wurzel aller unserer Uebel zu kommen und mit einem Radicalmittel das gesammte Antlitz der Erde mit einemmale zu erneuern? Universalübel werden nicht durch Palliativmittel geheilt.

## 6. Der Ausweg.

Alle Dinge müssen darnach betrachtet und geschätzt werden, in wie weit sie zur Bestimmung des Menschen beitragen. Die Religion ist die Lösung des Problems von der Bestimmung des Menschen. Die Religion bildet darum die Wurzel alles dessen, was sich auf das wahre Interesse des Menschen bezieht.

Religion bedeutet Christenthum für alle oder beinahe für alle, welche unter den europäischen Nationen noch an irgend einer Religion festhalten. Das Christenthum, verständig aufgefasst, ist die Kirche, die katholische Kirche. Die Kirche ist Gott, der durch eine sichtbare Organisation unmittelbar auf die Menschen und durch die Menschen auf die Gesellschaft einwirkt.

Die Kirche ist der Inbegriff aller Probleme und die einflussreichste Thatsache auf der ganzen weiten Welt. Es ist darum unlogisch, das radicale Mittel gegen alle unsere Uebel anderswo zu suchen. Ebenso ist es eines Katholiken unwürdig, sich anderswo nach Erneuerung der Religion umzusehen.

Die Betrachtung dieser grossen Wahrheiten ist die Quelle, aus welcher die Erleuchtung kommen muss, wenn die Gesellschaft regenerirt und das Menschengeschlecht zu seiner wahren Bestimmung hingeleitet werden soll. Wer nach einer anderen Seite seinen Blick wendet, um ein radicales und adäquates Heilmittel und die rechte Leitung zu finden, der ist zu Irrthum und Täuschung verurtheilt.

## 7. Die Sendung des hl. Geistes.

Wir können uns nicht tief und fest genug einprägen, dass die Kirche in ihrer Thätigkeit geleitet wird durch den Einfluss des hl. Geistes; sein Walten klar zu erkennen und erfolgreich mitzuwirken, das ist die erhabenste Anwendung unserer Fähigkeiten und zugleich die erste Quelle, aus der das Wohl der Gesellschaft entspringt.

Würden wir das göttliche Wirken des hl. Geistes in dem stufenweisen Gange der Geschichte der Kirche klar sehen und verstehen, dann würden wir das Gesetz alles wahren Fortschritts ganz erfassen. Wenn in letzterer Zeit mehr Nachdruck auf die Nothwendigkeit der Unterwerfung unter die äussere Auctorität der Kirche gelegt wurde als in früheren Tagen, so ist das, wie gezeigt worden, den besonderen Gefahren zuzuschreiben, denen die Gläubigen ausgesetzt waren. Es würde ein unverzeihlicher Irrthum sein, wenn man auch nur für einen Augenblick unterstellen wollte, dass die Kirche Gottes in irgend einer Zeit ihres Bestehens die Sendung und das Amt des hl. Geistes ignorirt oder vergessen habe. Der hl. Geist gründete die Kirche; kann er seiner eigenen Mission uneingedenk sein? Es ist wahr, dass er sie leiten und regieren muss durch Menschen, aber er ist der Herr der Menschen und besonders jener, welche er als seine unmittelbaren Werkzeuge auserwählt hat.

Das wesentliche und allgemeine Princip, das die Seelen rettet und heiligt, ist der hl. Geist. Er war es, der die Patriarchen, Propheten und Heiligen des alten Bundes berief, inspirirte und heiligte. Derselbe göttliche Geist inspirirte und heiligte die Apostel, die Martyrer und die Heiligen des neuen Bundes. Die actuelle und habituelle Führung der Seele durch den hl. Geist ist das wesentliche Princip alles göttlichen Lebens. „Ich habe die Propheten belehrt von Anfang an und bis jetzt höre ich nicht auf, zu ihnen zu reden."[1] Christi Mission war es, den hl. Geist in grösserer Fülle zu senden.

---

[1] Thomas von Kempen B. III. K. 3.

Niemand kann die heiligen Schriften lesen, ohne ergriffen zu werden von den wiederholten Aufforderungen, unser Auge nach innen zu richten, uns in Gottes Gegenwart zu versetzen und auf ihn in der Seele zu achten, ihn zu kosten und ihm zu lauschen. Diese Ermahnungen ziehen sich durch alle inspirirten Bücher hindurch von der Genesis an bis zur Offenbarung des hl. Johannes. „Ich bin der allmächtige Gott, wandle vor mir und sei vollkommen,"[1] war die Lehre, welche Gott dem Patriarchen Abraham gab. „Lasset ab und erkennet, dass ich Gott bin."[2] „Ja, kostet und sehet, wie lieblich der Herr ist! selig der Mann, der auf ihn vertraut."[3] Gott ist unser Führer, unser Lebenslicht und unsere Stärke. „Gottes Reich ist in euch," sagte der göttliche Meister. „Wisset ihr nicht, dass ihr Gottes Tempel seid und der Geist Gottes in euch wohnt?"[4] „Denn Gott ist es, welcher wirket in euch wie das Wollen so auch das Vollbringen nach Wohlgefallen."[5] Der Zweck der göttlichen Offenbarung war, das Reich Gottes in den Seelen der Menschen und durch diese auf Erden erkennbar zu machen und zu errichten.

In Uebereinstimmung mit der heiligen Schrift lehrt die katholische Kirche, dass der hl. Geist mit allen seinen Gaben ausgegossen ist in unsere Seelen durch das Sacrament der Taufe, und dass ohne seine wirkliche Eingebung oder Inspiration und Hülfe kein Gedanke, keine Handlung, sogar kein Wunsch, der direct auf unsere wahre Bestimmung hinzielt, möglich sei.

Das ganze Ziel der Wissenschaft der christlichen Vollkommenheit ist, die Menschen zu unterrichten, wie die Hindernisse, welche sich dem Wirken des hl. Geistes in den Weg stellen, zu beseitigen und wie jene Tugenden auszubilden sind, die seine Regungen und Eingebungen am meisten fördern. So besteht also der Inbegriff des geistigen Lebens darin, dass wir die Wege

---

[1] Genesis, XVIII, 1.  [2] Ps. XLV, 11.
[3] Ps. XXXIII, 9.  [4] 1 Kor. III, 16.
[5] Philipp. II, 13.

und Regungen des Geistes Gottes in der Seele wahrnehmen und festigen, indem wir zu diesem Zweck alle Uebungen des Gebetes, die geistliche Lesung, den Empfang der Sacramente, die Ausübung der Tugenden und guter Werke in Anwendung bringen.

Dieses göttliche Wirken, welches die unmittelbare und vorzügliche Ursache der Rettung und Vervollkommnung der Seele ist, beansprucht mit Recht eine directe und besondere Aufmerksamkeit. Von dieser Quelle aus wird sich stufenweise das Bewusstsein von der innewohnenden Gegenwart des hl. Geistes erzeugen, und von diesem wird dann ausgehen eine alle menschliche Kraft übersteigende Stärke, ein Muth, höher als aller menschliche Heroismus, und ein Gefühl von Würde, das über alle menschliche Grösse erhaben ist. Das Licht, welches unsere Zeit zu seiner Erneuerung erheischt, kann allein von dieser Quelle kommen. Die Wiedergeburt unserer Zeit hängt von der Wiedergeburt der Religion ab. Die Wiedergeburt der Religion hängt ab von einer grösseren Ausgiessung der schaffenden und erneuernden Kraft des hl. Geistes. Die grössere Ausgiessung des hl. Geistes ist durch die gesteigerte Aufmerksamkeit auf seine Regungen und Eingebungen bedingt. Das radicale und adäquate Heilmittel für alle Uebel unserer Zeit und die Quelle jeden wahren Fortschritts bestehen in der gesteigerten Aufmerksamkeit und in der gläubigen Hingebung an das Wirken des hl. Geistes in der Seele. „Sendest du deinen Geist, so werden sie geschaffen, und du machest neu der Erde Angesicht." [1]

### 8. Die Männer, welche unsere Zeit erfordert.

Die angegebene Wahrheit wird besser erkannt werden, wenn man etwas näher auf dieselbe eingeht. Unsere Zeit, so sagt man uns, erheischt Männer, die dieses Namens würdig sind. Welche sind die, die würdig sind, Männer genannt zu werden? Das sind ohne Zweifel Männer, deren Einsicht und Wille gött-

---

[1] Ps. CIII, 30.

lich erleuchtet und gestärkt ist. Gerade dieses aber wird durch die Gaben des hl. Geistes hervorgebracht; sie erweitern alle Vermögen der Seele zugleich.

Unsere Zeit ist oberflächlich; es thut ihr noth die Gabe der Weisheit, welche die Seele befähigt, die Wahrheit in ihren letzten Gründen zu betrachten. Unsere Zeit ist materialistisch; es thut ihr noth die Gabe des Verstandes, durch deren Licht der Geist in das Wesen der Dinge eindringt. Unsere Zeit ist von einer einseitigen und falschen Wissenschaft eingenommen; es thut ihr noth die Gabe der Wissenschaft, durch deren Licht jede Ordnung der Wahrheit in ihren richtigen Beziehungen zu andern Wahrheiten und in ihrer göttlichen Einheit erkannt wird. Unsere Zeit liegt im Argen und kennt nicht den Weg wahren Fortschritts; es thut ihr noth die Gabe des Rathes, der sie lehrt, wie die geeigneten Mittel zur Erreichung eines Zieles zu wählen sind. Unsere Zeit ist gottlos; es thut ihr noth die Gabe der Frömmigkeit, welche die Seele anleitet, aufzuschauen zu Gott dem himmlischen Vater und ihn mit den Gefühlen kindlicher Verehrung und Liebe anzubeten. Unsere Zeit ist sinnlich und verweichlicht; es thut ihr noth die Gabe der Stärke, die dem Willen die Kraft gibt, die schwersten Bürden zu tragen und die grössten Unternehmungen mit Ruhm und Heldenmuth durchzusetzen. Unsere Zeit hat Gott verloren und ihn fast vergessen; es thut ihr noth die Gabe der Furcht, welche die Seele wieder zu Gott bringt und bewirkt, dass sie ihrer grossen Verantwortlichkeit und ihrer Bestimmung sich bewusst wird.

Männer mit diesen Gaben ausgerüstet, die sind's, welche unsere Zeit, wenn sie es nur erkännte, fordert: Männer, deren Geist erleuchtet und deren Wille gestärkt ist von einer erhöhten Wirksamkeit des hl. Geistes; Männer, deren Seele durch die Gaben des hl. Geistes getrieben wird; Männer, deren ganzes Verhalten von einer himmlischen Freude getragen ist, die die Luft innern Friedens athmen und mit heiliger Freiheit und unaussprechlicher Energie handeln. Eine solche Seele thut mehr zur Ausbreitung des Reiches Gottes, als zehntausend ohne jene

Gaben. Das sind, wenn unsere Zeit es nur sehen und glauben wollte, die Männer, und das ist der Weg zur allgemeinen Restauration, zur allgemeinen Versöhnung und zum allgemeinen Fortschritt.

## 9. Die Kirche hat diesen Weg betreten.

Die Männer, welche unsere Zeit und unsere Noth erfordert, sind von einer grösseren Ausgiessung des hl. Geistes in die Seelen der Gläubigen bedingt, und die Kirche ist bereits für dieses Ereigniss vorbereitet worden.

Kann man nur für einen Augenblick annehmen, dass ein so langer, so ernsthafter Kampf, wie der der letzten drei Jahrhunderte war, ein Kampf, der so grosse Opfer gefordert, nicht vom grössten Nutzen für die Kirche begleitet sein sollte? Lässt Gott jemals zu, dass die Kirche Verlust erleide bei der Bemühung, ihre Mission zu erfüllen?

Es ist wahr, dass die mächtigen und unausgesetzten Angriffe der Verirrungen des 16. Jahrhunderts gegen die Kirche dieselbe so zu sagen gezwungen haben, aus dem gewöhnlichen Kreise ihrer Bewegung herauszutreten; aber nachdem sie ihre Vertheidigung gegen alle Gefahr von dieser Seite vollendet hat, kehrt sie, Dank diesem Kampfe, mit erhöhter Thätigkeit zu ihrem normalen Lauf zurück; sie tritt in eine neue Phase des Lebens ein und beginnt eine kräftigere Wirksamkeit in jeder Sphäre ihres Seins. Eine That von grösster und folgenschwerer Bedeutsamkeit war die Definition, welche das Wesen der päpstlichen Auctorität betrifft. Denn indem die Definition des Vaticanischen Concils die höchste Auctorität der Kirche, die in der unfehlbaren Auslegung und dem Kriterium der göttlich geoffenbarten Wahrheit liegt, ausführlicher und vollständiger klarstellte, hat sie damit den Gläubigen den Weg gebahnt, auf dem sie mit grösserer Sicherheit und Freiheit den Eingebungen des hl. Geistes folgen können. Die den Papst betreffende dogmatische Definition des Vaticanischen Concils ist darum die Achse, um welche sich der neue Lauf der Kirche bewegt, die Erneuerung der Religion und die vollständige gesellschaftliche Restauration.

O süsse Frucht, die um den Preis eines so harten Kampfes errungen wird, die aber für die Gläubigen eine erhöhte göttliche Erleuchtung und Kraft und dadurch die Erneuerung des gesammten Antlitzes der Erde herbeigeführt hat!

Es ist leicht einzusehen, welch' grossen Missgriff die sogenannten „Altkatholiken" gethan, indem sie sich der Concils-Entscheidung widersetzten. Sie geben vor, nach einer vollkommneren Herrschaft des hl. Geistes zu verlangen und weisen, so viel an ihnen liegt, die wahren Mittel, diese zu bewirken, von der Hand.

Das nebenbei. Setzen wir nun unsern Weg fort, indem wir das göttliche Walten in der Kirche verfolgen, welche die Urheberin und die Hauptquelle für die Wiederherstellung aller Dinge ist.

Was bedeuten die zahlreichen Pilgerfahrten zu den heiligen Orten und zu den Schreinen grosser Heiligen, was die Vermehrung der Novenen und Gebetsvereine? Sind sie nicht der augenscheinliche Beweis von der vermehrten Wirksamkeit des hl. Geistes in den Gläubigen? Wesshalb überdiess jene grausamen Verfolgungen, drückenden Geldbussen und zahlreichen Einsperrungen der Bischöfe, des Clerus und der Laien der Kirche? Worin liegt das Geheimniss, dass die Kirche ihrer weltlichen Besitzungen und ihrer weltlichen Auctorität beraubt wird? Diese Dinge haben durch göttliche Zulassung Platz gegriffen. Haben nicht alle jene Schläge in hohem Masse den Gebetseifer gestärkt, die Einheit der Gläubigen enger geknüpft und den Blick aller Glieder der Kirche, vom Höchsten bis zum Niedrigsten, auf Gott gerichtet, von dem allein Hülfe kommen kann?

Solche Prüfungen und Leiden der Gläubigen sind die ersten Schritte vorwärts zu einem bessern Zustande der Dinge. Sie sondern, was irdisch ist, ab und reinigen die Kirche nach ihrer menschlichen Seite. Von ihnen wird ausgehen Licht, Kraft und

Sieg. Per crucem ad lucem! „Wenn der Herr wünscht, dass noch andere Verfolgungen in's Werk gesetzt werden: die Kirche fühlt keine Beunruhigung; im Gegentheil, Verfolgungen reinigen sie und geben ihr frische Kraft und neue Schönheit. Es gibt in der That in der Kirche gewisse Dinge, die einer Reinigung bedürfen, und dieser Absicht entsprechen jene Verfolgungen am besten, die von grossen Staatsmännern gegen sie geschleudert werden." Das ist die Sprache Pius' IX.[1]

Diess sind nur einige der Bewegungen, die öffentlich vor sich gehen. Aber wie viele Seelen, welche die Kirche in solcher Trübsal sehen, sind in Sorgen und beten für ihre Befreiung mit einem Eifer, der fast an Todeskampf grenzt! Sind nicht alle diese Dinge eben so viele vorbereitende Stufen zu einer Pfingstergiessung des hl. Geistes über die Kirche, einer Ausgiessung, wenn auch nicht an Intensität gleich jener in den Tagen der Apostel, dann doch wenigstens an Ausdehnung grösser? „Wenn zu keiner Epoche christlicher Zeiten die Herrschaft Satans so allgemein Aufnahme gefunden als in diesen unsern Tagen, so wird das Wirken des hl. Geistes die Zeichen einer aussergewöhnlichen Kraft und Ausdehnung an sich tragen müssen. Die Axiome der Geometrie treten nicht mit grösserer Bestimmtheit auf als dieser Satz. Eine gewisse unbestimmbare Ahnung von der Nothwendigkeit einer neuen Ausgiessung des hl. Geistes für die gegenwärtige Welt ist vorhanden; die Wichtigkeit dieser Ahnung darf nicht übertrieben werden; doch wäre es verwegen, keine Notiz davon zu nehmen.

Ist es nicht diese Ahnung, welche Pius IX. bewegte, als er die Worte sprach: „Seitdem wir Nichts oder beinahe Nichts von Menschen zu erwarten haben, lasst uns unser Vertrauen immer mehr auf Gott setzen, der, wie es mir scheinen will, ein grosses Wunder vorbereitet, um es in dem von ihm ausgewählten

---

[1] Am 15. Januar 1872. Dieses und die folgenden Citate aus den Ansprachen Pius' IX. sind entnommen den: Actes et Paroles de Pius IX. par Auguste Roussel. Paris, Palmé, 1874.

Augenblick auszuführen, ein Wunder, das den ganzen Erdkreis in Staunen setzen wird."[1]

Schwebte nicht dieselbe Ahnung dem Geiste de Maistre's vor, als er die Zeilen schrieb: „Wir stehen am Vorabende der grössten aller religiösen Epochen..... Es scheint mir, jeder wahre Philosoph muss zwischen den zwei Annahmen wählen, dass entweder eine neue Religion im Entstehen ist, oder dass das Christenthum in einer ausserordentlichen Weise erneuert werden wird."[2]

### 10. Zweifache Wirksamkeit des hl. Geistes.

Ehe wir in der Untersuchung dieser neuen Phase der Kirche weitergehen, dürfte es sich vielleicht empfehlen, einen Zweifel zu heben, der bei dem Einen oder Andern aufsteigen könnte, nämlich, ob keine Gefahr darin liegt, die Aufmerksamkeit der Gläubigen in höherem Grade nach der erwähnten Richtung hin zu lenken?

Die Ausdehnung des Wirkungskreises für die Seele würde, ohne wahre Kenntniss vom Zwecke und vom Ziele der äusseren Auctorität der Kirche, nur Täuschungen, Irrthümern und Häresien jeder Art Thür und Thor öffnen, und in Wirklichkeit nur eine andere Art des Protestantismus sein.

Auf der andern Seite aber würde ein exclusive Rücksicht auf die äussere Auctorität der Kirche, ohne wahres Verständniss für die Natur und das Werk des hl. Geistes in der Seele, die Uebung der Religion äusserlich, den Gehorsam knechtisch und die Kirche unfruchtbar machen.

Die Wirksamkeit des hl. Geistes, wie er sichtbar in der Kirche verkörpert ist, und die Wirksamkeit des hl. Geistes, wie er unsichtbar in der Seele wohnt, bilden eine untrennbare Einheit, und wer keinen klaren Begriff von dieser zweifachen Wirksamkeit des hl. Geistes hat, ist der Gefahr ausgesetzt, in

---

[1] Traité du St.-Esprit, par Mgr. Gaume, 1864.
[2] Vom 22. Januar 1871.

das eine oder andere, oder manchmal in beide Extreme zu verfallen, von denen jedes den Endzweck der Kirche vereitelt.

In der äusseren Auctorität der Kirche wirkt der hl. Geist als der unfehlbare Ausleger und als das Kriterium der göttlichen Offenbarung. In der Seele wirkt der hl. Geist als der göttliche Lebensspender und Heiligmacher. Es ist von der höchsten Wichtigkeit, dass diese zwei verschiedenen Aemter des hl. Geistes nicht verwechselt werden.

Die Voraussetzung, dass es einen Gegensatz oder einen Widerspruch geben könne zwischen der Wirksamkeit des hl. Geistes in der Kirche und den Eingebungen des hl. Geistes in der Seele, kann bei einem erleuchteten und echten Christen nie Eingang finden. Derselbe Geist, welcher durch die Auctorität der Kirche die göttliche Wahrheit lehrt, ist es, welcher der Seele eingibt, die von ihm gelehrten göttlichen Wahrheiten anzunehmen. Das Maass unserer Liebe gegen den hl. Geist ist unser Gehorsam gegen die Auctorität der Kirche, und das Maass unseres Gehorsams gegen die Auctorität der Kirche ist unsere Liebe gegen den hl. Geist. Daher der Ausspruch des hl. Augustinus: *„Quantum quisque amat ecclesiam Dei, tantum habet Spiritum sanctum.“* Es ist nur ein Geist, welcher in zwei verschiedenen Thätigkeiten nach demselben Ziele hinstrebt, zur Wiedergeburt und Heiligung der Seele.

Im Falle der Ungewissheit und des Zweifels, welches die göttlich geoffenbarte Wahrheit sei, oder ob das, was die Seele eingibt, eine Inspiration des hl. Geistes sei oder nicht, muss man zum göttlichen Lehrer oder Kriterium, zur Kirche, seine Zuflucht nehmen. Denn das muss festgehalten werden, dass der zuerst vom hl. Petrus und in der Folge von seinen Nachfolgern repräsentirten Kirche die Verheissung ihres göttlichen Stifters gegeben wurde, dass „die Pforten der Hölle sie nicht überwältigen werden." [1] Keine solche Verheissung war je von

---

[1] Matth. XVI, 18.

Christus dem einzelnen Gläubigen gegeben. „Die Kirche des lebendigen Gottes ist die Säule und Grundfeste der Wahrheit."[1] Im Falle der Ungewissheit wird darum die Probe eines wahrhaft erleuchteten und echten Christen darin bestehen, dass er ohne Zaudern der Stimme der Kirche gehorcht.

Aus den vorhin angegebenen einfachen Wahrheiten möge folgende praktische Verhaltungsregel gezogen werden. Der hl. Geist ist der unmittelbare Leiter der Seele auf dem Rettungs- und Heilswege, und das Kriterium oder die Probe, dass die Seele vom hl. Geiste geleitet wird, ist ihr bereitwilliger Gehorsam gegen die Auctorität der Kirche. Diese Regel entfernt jegliche Gefahr, und mit ihr kann die Seele mit der grössten Sicherheit und mit vollkommener Freiheit auf dem Heilswege nach Wunsch gehen, laufen oder fliegen.

## 11. Neue Phase der Kirche.

Es fehlt nicht an Anzeichen dafür, dass die Glieder der Kirche nicht nur in ein tieferes und geistigeres Leben eingetreten sind, sondern dass von dieser Quelle aus auch eine neue Phase ihrer intellectuellen Thätigkeit begonnen hat.

Nachdem die Merkmale der göttlichen Gründung der Kirche und die Glaubwürdigkeit der göttlichen Offenbarung mit ihrer Verfassung und Organisation nach aussenhin in der Hauptsache anerkannt sind, erfordern nunmehr diejenigen Merkmale besondere Aufmerksamkeit und besonderes Studium, welche ihren göttlichen Charakter, insofern er nach innen gekehrt ist, betreffen.

Der Geist der Kirche hat sich vor nicht langer Zeit nach dieser Richtung hingewandt. Man braucht, um sich von dieser Thatsache vollkommen zu überzeugen, nur die verschiedenen Rundschreiben des jetzt regierenden Papstes und die Decrete des Vaticanischen Concils zu lesen.

---

[1] 1 Timoth. III, 15.

Kein Papst hat so eifrig den Werth und die Rechte der menschlichen Vernunft aufrecht erhalten wie Pius IX., und kein Concil hat die Beziehungen von Natur und Uebernatur so ausführlich behandelt wie das Vaticanische. Man muss sich erinnern, dass das Werk beider noch nicht abgeschlossen ist. Grosse Mission das, für immer jene Wahrheiten festzustellen, über die man so lange gestritten, und den Weg zur vollern Erkenntniss anderer und noch grösserer Wahrheiten zu öffnen!

Das göttliche Wirken des hl. Geistes in der Kirche und durch die Kirche ist es, was ihrer äusseren Organisation die Existenzberechtigung gibt. Die ausführlichere Darlegung der göttlichen Seite der Kirche und ihrer Beziehungen zur menschlichen, wobei wir stets auf erstere Nachdruck legen müssen, ist es, was zum Wachsthum des inneren Lebens der Gläubigen beitragen und jenen die Blindheit benehmen wird, welche die Kirche allein nach ihrer menschlichen Seite betrachten. Ihre Zahl ist weit grösser, als man gewöhnlich annimmt.

Als ein Fingerzeig für diese Studien mögen folgende Winke, welche die Beziehungen der innern zur äusseren Seite der Kirche betreffen, gegeben werden.

Der praktische Zweck aller wahren Religion ist, jede einzelne Seele unter die unmittelbare Leitung des hl. Geistes zu bringen. Der hl. Geist theilt sich der Seele durch die Sacramente der Kirche mit. Der hl. Geist wirkt als der Ausleger und als das Kriterium der göttlich geoffenbarten Wahrheit durch die Auctorität der Kirche. Der hl. Geist wirkt als das Princip der Wiedergeburt und Heiligung in jeder christlichen Seele. Derselbe Geist kleidet in der Liturgie und den Andachtsübungen der Kirche die Wahrheiten der Religion und das innere Leben der Seele in passende Ceremonien und Worte. Der hl. Geist wirkt in der Disciplin der Kirche als der treue Beistand des Lebens der Seele und des göttlichen Haushalts. Der hl. Geist gründete die Kirche als das praktische und vollkommene Mittel, alle Seelen unter seine eigene Leitung und zur vollkommenen Vereinigung mit Gott zu bringen. Das ist die Verwirklichung des Zieles aller wahren Religion. So finden alle Religionen, in Rücksicht auf das göttliche Leben betrachtet, ihren gemeinsamen Mittelpunkt in der katholischen Kirche.

Der grössere Theil der intellectuellen Irrthümer unserer Zeit entspringt aus dem Mangel an Erkenntniss der wesentlichen Beziehungen des Glaubenslichts zum Lichte der Vernunft, des Zusammenhangs von Geheimnissen und von Wahrheiten, welche die Vernunft entdeckt und erkennt, der Wirkung der göttlichen Gnade und der Wirkung des menschlichen Willens.

Die ältesten griechischen und lateinischen Kirchenväter haben dieses Feld ausgiebig bearbeitet. Die zahlreichen Scholastiker vermehrten das reiche Erbe ihrer Vorgänger. Und wäre nicht die Aufmerksamkeit der Kirche durch die Verirrungen des 16. Jahrhunderts anderswohin gezogen worden, so würde der Beweis des Christenthums nach seiner inneren Seite früher seinen Abschluss gefunden haben. Die Zeit ist gekommen, das Werk wieder aufzunehmen, es dort fortzusetzen, wo es unterbrochen wurde, und dann zur Vollendung zu bringen. Dank den Rundschreiben Pius' IX. und den Entscheidungen des Vaticanischen Concils, wird diese Aufgabe jetzt nicht so schwer sein.

Manche, wenn nicht die Mehrzahl der bedeutendsten Apologeten der Kirche, Theologen, Philosophen und Prediger, haben sich in Schrift und Wort auf diesen Pfad begeben. Die neueren Werke und die, welche noch tagtäglich die Presse verlassen, sind in Darstellung, Vertheidigung oder Beweis des Christenthums mit dieser Arbeit beschäftigt.

Eine Darlegung des innern Lebens und der innern Verfassung der Kirche, der erkennbaren Seite der Glaubensgeheimnisse und der inneren Gründe für die Wahrheiten der göttlichen Offenbarung, verbunden mit den äusseren Merkmalen der Glaubwürdigkeit, würde den Beweis des Christenthums vollenden. Eine solche Darstellung des Christenthums, die Verbindung der inneren mit den äusseren Kennzeichen der Glaubwürdigkeit, ist ganz geeignet, eine klarere und stärkere Ueberzeugung ihrer göttlichen Wahrheit in den Gläubigen hervorzubringen und sie zu einer entschiedeneren persönlichen Thätigkeit anzuspornen; und, was mehr ist, sie würde vielen irrenden Schäflein, die noch nicht ganz verloren sind, den Weg der Rückkehr zur Hürde der Kirche öffnen.

Die erhöhte Wirksamkeit des hl. Geistes in Verbindung mit einer kräftigeren, schon im Werden begriffenen Mitwirkung von Seiten der Gläubigen wird die menschliche Persönlichkeit zu einer Intensivität der Kraft und Grösse erheben, die eine neue Aera der Kirche und der Gesellschaft hervorbringt, eine Aera, die schon für die Einbildungskraft schwer zu fassen, noch schwerer aber in Worte zu kleiden ist, man müsste denn zu der prophetischen Sprache der inspirirten Schriftsteller seine Zuflucht nehmen.

Ist nicht schon ein solcher Beweis des Christenthums in folgenden Worten Schlegels im Voraus ausgesprochen? „Wir sind daran," sagt dieser, „eine neue Darstellung des Christenthums zu sehen, die alle Christen wieder vereinigen und gar die Ungläubigen selbst wieder zurückbringen wird." „Diese Vereinigung zwischen Wissen und Glauben," schreibt der protestantische Geschichtschreiber Ranke, „wird in ihren geistigen Resultaten bedeutender sein als die Entdeckung der neuen Hemisphäre vor dreihundert Jahren, als die Entdeckung des Weltsystems oder als jede andere Entdeckung, welcher Art sie immer sein möge."

## 12. Mission der Volksstämme.

Wenn wir unser Studium über die Wirksamkeit des hl. Geistes verfolgen, so werden wir erkennen, dass die tiefere und ausführlichere Darstellung der göttlichen Seite der Kirche mit Rücksicht auf die charakteristischen Gaben der verschiedenen Volksstämme den Weg und das Mittel bildet, die oben ausgesprochenen Hoffnungen zu verwirklichen.

Gott ist der Urheber der verschiedenen Menschenrassen.

Er hat ihnen aus guten Gründen ihre Charaktereigenthümlichkeiten aufgedrückt und ihnen von Anfang an den Platz bestimmt, den sie in seiner Kirche ausfüllen sollen.

In einer Sache, bei der so viele zarte Rücksichten zu nehmen sind, ist es von grosser Wichtigkeit, dass man die besonderen Anlagen eines Volksstammes weder zu hoch noch zu gering schätze oder ihre Fehler und Mängel übertreibe. Ueberdiess sind die verschiedenen Rassen im modernen Europa so nahe aneinander gebracht, und ihre Vermischung hat solche Ausdehnung gewonnen, dass ihre Unterschiede nur in grossen und leitenden Zügen aufgedeckt werden können.

Es würde ebenfalls ein schweres Missverständniss sein, wenn man bezüglich der providentiellen Mission der Stämme annehmen wollte, sie hätten ihre Eigenthümlichkeiten in Religion, Christenthum oder Kirche hineingetragen, da es doch im Gegentheil ihr Schöpfer selbst ist, der in der Kirche ihre besonderen Gaben zu Erreichung derjenigen Zwecke verwendet, für welche er sie speciell geschaffen hat. Die Kirche ist Gott, wie er durch die verschiedenen Menschenrassen für deren höchste Entwickelung wirkt, sowohl zu ihrem gegenwärtigen und zukünftigen höchsten Glück, als auch zu seinem eigenen grössten Ruhm. „Gott leitet die Nationen der Erde." [1]

Jede leitende Menschenrasse und jede grosse Nation füllt einen weiten Raum in der Weltgeschichte aus. Der hl. Augustinus macht die Bemerkung, dass Gott den Römern die Weltherrschaft zur Belohnung ihrer bürgerlichen Tugenden gab. Zu verwundern ist es aber, zu welch' hoher und wichtiger Stellung in der Geschichte der Religion einzelne Volksstämme von der göttlichen Vorsehung bestimmt worden sind. Es genügt, bloss der Israeliten zu erwähnen.

Man kann sich des Staunens über die Mission der lateinischen und celtischen Stämme während der grösseren Hälfte der Geschichte des Christenthums nicht erwehren. Was sie

---

[1] Ps. LXVI, 5.

zunächst zusammenbrachte, war der Umstand, dass der Stuhl Petri, das Centrum der Kirche, nach Rom, dem Centrum des lateinischen Volksstammes, verlegt wurde. Rom war damals der verkörperte Ausdruck einer vollkommen organisirten, weltumfassenden Macht. Rom war der politische und durch seine grossen Heerstrassen der geographische Mittelpunkt der Welt.

Was viel zum Uebergewicht der lateinischen Rasse und nachher der Celten in Verbindung mit den Lateinern beitrug, war die schismatische Trennung der Griechen von der Kirche und der Abfall der Mehrzahl der Sachsen durch die Irrthümer und die Empörung des 16. Jahrhunderts. Die Gläubigen bestanden in Folge davon fast nur aus Lateinern und Celten.

Der Abgang der Griechen und eines so grossen Theiles der Sachsen, deren Bestrebungen und Vorurtheile sich in manchen Punkten ähnlich waren, liess der Kirche eine freiere Bewegung und machte ihr die Aufgabe leichter, sowohl auf ihrem gewöhnlichen, als auch auf aussergewöhnlichem Wege, namentlich durch das Trienter und das Vaticanische Concil, ihre Auctorität und äussere Verfassung zu vervollständigen. Denn die Völker lateinisch-celtischen Stammes zeichnen sich durch hierarchische, traditionelle und gemüthvolle Bestrebungen aus.

Das waren die menschlichen Elemente, welche der Kirche die Mittel gaben, ihre höchste Auctorität, ihre göttlichen und kirchlichen Ueberlieferungen, ihre Disciplin, ihre Andachtsübungen, kurz, ihre ganze innere Entwickelung zu vollenden.

## 13. Einige von den Ursachen des Protestantismus.

Gerade die Wichtigkeit, welche man der äussern Verfassung der Kirche beilegte, war es, was die Antipathien der Sachsen, die in der sogenannten Reformation gipfelten, hervorrief. Denn die sächsischen und die gemischt sächsischen Stämme, die Engländer und ihre Stammverwandten, zeichnen sich auf dem Gebiet des Geisteslebens durch energische Individualität und auf materiellem Gebiete durch grosse, praktische Activität aus.

Einer der Hauptfehler der Sachsen liegt darin, dass sie die Verfassung der Kirche nicht vollständig verstehen und die wesentliche Nothwendigkeit ihrer äusseren Organisation nicht hinreichend zu würdigen wissen. Daher ihre Missdeutung der providentiellen Wirksamkeit der lateinisch-celtischen Völker und ihre Beschuldigungen des Formalismus, des Aberglaubens und des Papismus gegen die Kirche. Sie identificirten ungerechter Weise jene Stämme bei ihren Ausschreitungen mit der Kirche Gottes. Sie vergassen, die grossen und beständigen Anstrengungen gebührend zu berücksichtigen, welche die Kirche auf National- und allgemeinen Concilien machte, um durch Abstellung von Missbräuchen und Ausrottung der Laster jeden Grund ihrer Klagen aufzuheben.

Da die lateinisch-celtischen Völker ferner während der Vollendung dieses Werkes ihre natürlichen Anlagen nicht genug berücksichtigt glaubten, so empfanden sie zugleich eine grosse Abneigung gegen die Erhöhung der äussern Feier beim Gottesdienst, gegen die minutiösen Verordnungen in der Disciplin und nicht minder gegen die Zunahme der päpstlichen Auctorität und der äusseren Würde der päptlichen Curie. Die sächsischen Häupter der Häresie des 16. Jahrhunderts und ebenso die unserer Tage haben, indem sie aus jenen Antipathien Capital schlugen und damit ihre selbstsüchtigen politischen Pläne verbanden, mit Erfolg eine grosse Zahl zu dem Glauben gebracht, dass die Controversfrage nicht sei, was sie in Wirklichkeit ist, die Frage nämlich, ob Christenthum oder Unglaube, sondern ob Romanismus oder Germanismus!

Das Resultat eines so falschen Vorgehens ist leicht vorauszusehen; denn es ist, menschlich gesprochen, unmöglich, dass eine Religion sich unter einem Volke erhalten kann, wenn dasselbe einmal zu dem Glauben gebracht ist, sie beeinträchtige seine natürlichen Anlagen, sei der nationalen Entwicklung feindlich oder vertrage sich nicht mit seinem Geiste.

Diese Missverständnisse, Schwächen und Eifersüchteleien auf beiden Seiten führten in Verbindung mit verschiedenen anderen Ursachen Tausende und Millionen von Sachsen und Angelsachsen zum Widerstand, zum Hass und endlich zur offenen Empörung gegen die Auctorität der Kirche.

## 14. Die gegenwärtigen Verfolgungen von Seiten der Sachsen.

Dieselben Ursachen, welche hauptsächlich die religiöse Auflehnung des 16. Jahrhunderts hervorgerufen, wirken unter den Sachsen noch fort und sind die treibenden Motive ihrer jetzigen Verfolgungen gegen die Kirche.

Indem sie durch die falsche Brille ihrer sächsischen Vorurtheile schauen, die mit der Zeit stärker geworden und durch die neuliche Definition der päpstlichen Unfehlbarkeit einen frischen Reiz erhalten haben, arbeiten sie sich, indem sie ja die Kirche nur nach ihrer Aussenseite kennen, in den Glauben hinein, dass sie eine rein menschliche Einrichtung sei, die im Laufe der Jahrhunderte langsam durch die beeinflussende Thätigkeit der lateinisch-celtischen Anlagen zu ihrer jetzigen furchtbaren Grösse gewachsen sei. Die Lehre, die Sacramente, die Andachtsübungen, der Cult der katholischen Kirche sind grösstentheils, nach ihrer Ansicht, Verfälschungen des Christenthums, welche ihre Quelle in den Eigenschaften der lateinisch-celtischen Rassen haben. Die päpstliche Auctorität ist nach ihrer Ansicht nichts anderes, als die Concentration der priesterlichen Bestrebungen dieser Volksstämme, die ihren Culminationspunkt durch die letzte Vaticanische Entscheidung, welche den Anstrengungen und dem Einflusse der Jesuiten zuzuschreiben sein soll, erreicht hat. Diese despotische kirchliche Auctorität, die eine abergläubische Verehrung und knechtische Unterwerfung unter alle ihre Decrete fordere, trage Lehren vor, welche der Autonomie des deutschen Reiches feindlich seien, und unter ihrem Befehl stehen vierzehn Millionen und noch mehr seiner Unterthanen, die jeden Augenblick und unter allen Umständen bereit seien, sich ihren Entscheidungen zu unterwerfen. Was könne diese ultramontane Macht hindern, im entscheidenden Augenblick ein Decret zu erlassen, das den Frieden stören und vielleicht den Umsturz des Reiches in sich schliessen könnte, eines Reiches, das die Frucht so grosser Opfer und die Verwirklichung so heisser Wünsche der deutschen Stämme ist? Sei es nicht eine Forderung der Selbsterhaltung und politischen Klugheit, ein so gefahrvolles Element um jeden Preis vom Staate fern zu halten? Sei es nicht eine Pflicht, so viele Millionen unserer deutschen Brüder von diesem abergläubischen Joche und dieser sclavischen Unterwerfung zu befreien? Habe nicht die göttliche Vorsehung die Herrschaft Europa's den Sachsen übertragen und uns Preussen als deren Haupt hingestellt, um dieses Werk mit allen uns zu Gebote stehenden Mitteln auszuführen? Sei diess nicht eine Pflicht, welche wir uns selbst, unsern deutschen Brüdern und vor Allem Gott schuldig seien?

Diess ist ohne Uebertreibung das Bild der katholischen Kirche, wie es einer grossen Klasse der Akatholiken Deutschlands erscheint. Es liesse wohl noch eine weitere Ausmalung zu und würde auch dennoch wahr, vielleicht sogar zutreffender sein.

Ein solches Monstrum hat die aufgeregte Phantasie und das tiefgewurzelte Vorurtheil der Sachsen geschaffen, und das nennen sie mit Verachtung die „lateinische", die „römische" oder die „papistische" Kirche. Gegen dieses Monstrum richten sie dann ihre unablässigen Angriffe, ihre grausamen Verfolgungen, indem sie von dem festen Vorsatz beseelt sind, dessen völligen Umsturz zu vollenden.

Ist es zu verwundern, wenn die Katholiken nach einem solchen Zerrbild selbst die katholische Kirche verschmähen und verabscheuen? Denn nichts anders ist's, was sie thun oder möglicherweise thun können.

Die Auffassung alles Betreffenden von der Stellung des deutschen (und bis zur Emancipations-Acte auch des britischen)

Reiches gegenüber der Kirche mag, wenn man von allem Zufälligen absieht, folgendermassen dargestellt werden: Entweder fügt sich das lateinische Christenthum, die römische Kirche, dem deutschen Charaktertypus und den Bedürfnissen des Reiches, oder wir werden alle uns zu Gebot stehenden Mittel und Kräfte aufbieten, um den Katholicismus in unseren Gebieten niederzutreten und, so weit unsere Auctorität und unser Einfluss reichen, auszurotten.

## 15. Rückkehr der sächsischen Volksstämme zur Kirche.

Wenn der deutsche Geist einmal in eine bestimmte Bahn eingelenkt ist, so hält es schwer, ihn von derselben abzubringen, und, menschlich gesprochen, ist die gegenwärtige Aussicht für die Kirche durchaus nicht erfreulich. Es ist ein alter und bekannter Spruch, dass „Wahr und Klar stets mächtig war". Und warum? Die Wahrheit ist mächtig, weil sie darauf berechnet ist, den Geist zu überwinden, die Seele gefangen zu nehmen und ihre gänzliche Ergebenheit und Wirksamkeit anzuregen. Die Wahrheit wird zur Geltung kommen unter der Bedingung, dass sie dem Geiste so vorgestellt wird, wie sie in Wirklichkeit ist. Nur wenn die Wahrheit unerkannt bleibt oder entstellt ist, wird, wer es redlich meint, sie zurückweisen.

Die Rückkehr der sächsischen Stämme zur Kirche ist darum nicht von der Accommodation der göttlichen Wahrheit, noch von der Aenderung der kirchlichen Verfassung, noch von irgendwelchen Concessionen zu erwarten. Ihre Rückkehr ist nur dann zu hoffen, wenn ihnen die göttliche Wahrheit so dargestellt wird, dass sie deren Göttlichkeit erkennen. Diess wird ihnen im Einklang mit ihren natürlichen Anlagen den Weg zur Kirche öffnen, und sie werden an deren Busen die Verwirklichung jener Lebensbahn finden, auf welche ihre wahre Sehnsucht sie hinweist. Denn der hl. Geist, dessen Organ und Ausdruck die Kirche ist, stellt jede Seele und darum alle Nationen und Stämme in unmittelbare und vollkommene Beziehung zu ihrem höchsten Ziel, zu Gott, in dem sie ihre höchste Entwicklung, ihr höchstes Glück und ihren höchsten Ruhm sowohl in diesem als in dem zukünftigen Leben erreichen.

Die Kirche hat, wie gezeigt worden, den Weg, der Welt ihre innere und göttliche Seite verständlicher und klarer zu zeigen, schon betreten; denn ihre tiefsten und thätigsten Denker sind, mehr oder weniger bewusst, jetzt mit diesem providentiellen Werke beschäftigt.

Indem die Beziehungen der inneren Seite der Kirche zur äusseren ausführlicher dargestellt werden und dabei die innere als der Zweck und das Endziel von Allem im Auge behalten wird, werden die mystischen Bestrebungen des deutschen Geistes das innere Leben der Kirche richtig zu schätzen wissen und darin ihre höhere Befriedigung finden. Indem sie in die intelligible Seite der Glaubensgeheimnisse und in die inneren Gründe für die geoffenbarte Wahrheit und die Existenz der Kirche tiefer eindringen, werden die streng rationellen Bestrebungen des sächsischen Geistes Kraft gewinnen und dazu geführt werden, die inneren Gründe für das Christenthum zu erfassen. Die Kirche wird sich ihnen als das praktische Mittel erweisen, die vollkommene Herrschaft des hl. Geistes in der Seele herzustellen und folglich das Reich Gottes auf Erden zu errichten. Das ist die ideale Auffassung des Christenthums, wie sie von allen wahren Christusgläubigen unter den Akatholiken Europa's und der Vereinigten Staaten gehegt wird. Eine solche Darstellung würde bei erhöhter Mitwirkung des hl. Geistes in der Kirche ihre Ueberzeugung von dem göttlichen Charakter der Kirche und der Göttlichkeit des Christenthums vollkommen befestigen.

All' diess mag hoch speculativ und von keiner praktischen Tragweite zu sein scheinen. Gleichwohl hat es eine solche Tragweite, wenn man in Verbindung damit betrachtet, was jetzt in Preussen und andern Theilen Deutschlands, die Schweiz einbegriffen, vor sich geht. Was sehen wir denn in all' diesen Ländern? Den gleichzeitigen und festen Entschluss, durch alle Arten der Verfolgung die katholische Kirche auszurotten.

Nun ist es aber ein allgemeines Gesetz der Verfolgung, dass die Verfolger bekehrt werden.

Durch das Kreuz Christi begann die Erlösung der Welt; durch das Kreuz Christi wird die Erlösung der Welt fortgesetzt und vollendet. Hauptsächlich durch das Blut der Martyrer wurde das römische Reich für den Glauben erobert. Seine Eroberer wurden durch die Mühseligkeiten, die heldenmüthigen Arbeiten und die Leiden heiliger Missionäre gewonnen. Dasselbe Gesetz wird sich in Bezug auf die modernen Verfolger bewähren. Die Frage ist nicht: Wie soll das deutsche Reich umgestürzt werden, wie soll man auf seine Zerstörung warten, oder wie soll die Kirche seinen grossen Verfolgungen Widerstand leisten? Die grosse Frage ist: Wie soll die Blindheit von den Augen der Verfolger der Kirche genommen, und wie können sie dazu gebracht werden, dass sie die göttliche Schönheit, Heiligkeit und Wahrheit erkennen, die ihnen jetzt verborgen ist? Die praktische Frage ist: Wie soll die Kirche das grosse deutsche Reich für die Sache Christi gewinnen?

Glückliche Verfolgungen, wenn sie ausser den göttlichen Tugenden, die sie bei den verfolgten Gläubigen an's Licht bringen, auch dazu beitragen, dass die Vorkämpfer des Glaubens nach solchen Proben und Beweisen suchen und sie anwenden, denen der sächsische Geist nicht widerstehen kann, indem sie ihren Verstand überzeugen und die Wahrheit ihrem Herzen nahe bringen! Auf diesem Wege werden sie, anstatt dem Untergange entgegenzugehen, mit Simson aus dem Rachen des Löwen nur Süssigkeit gewinnen.

Diese Aussicht ist von eminent praktischer Bedeutung, wenn man bedenkt, dass das nämliche Gesetz, welches auf die Verfolger der Kirche Anwendung findet, in gleicher Weise Geltung hat bezüglich der Leitung oder Herrschaft von Volksstämmen, eine Wahrheit, die sich vom Anfang der Kirche an gezeigt hat. Die grossen Apostel Petrus und Paulus blieben nicht in Jerusalem, sie wandten Auge und Schritt zu dem Alles erobernden und allmächtigen Rom. Ihr Glaube und ihr Heldenmuth, mit dem Martyrertod besiegelt, errangen nach langem, blutigem Kampfe den Sieg. Die kaiserlichen Adler wurden stolz darauf, hoch oben das Kreuz Christi zu tragen. Es kamen die Gothen, die Hunnen, die Vandalen: der Kampf wiederholte sich, aber auch der Sieg; sie wurden dem süssen Joche Christi unterworfen und in die Gemeinschaft seiner Kirche eingegliedert.

Sollen wir das Entstehen des deutschen Reiches nur als eine vorübergehende Erscheinung ansehen und voraussetzen, dass die Dinge bald wieder ihren früheren Verlauf nehmen? Oder sollen wir an eine wesentliche Aenderung in der Richtung der Weltgeschichte denken, unter Leitung der herrschenden sächsischen Stämme? Wenn die Geschichte des Menschengeschlechts von der Wiege an als Regel genommen werden kann, so geht der Lauf der Herrschaft immer nordwärts. Sei dem, wie ihm wolle, die Sachsen haben die leitende Macht in Europa, wenn nicht gar in der Welt, in der Hand und sind fest entschlossen, sie zu behalten. Die Kirche aber ist eine göttliche Königin, und ihr Zweck war es zu allen Zeiten, die herrschenden Stämme für sich zu gewinnen. Nie hat sie diesen Zweck verfehlt!

Ist es denkbar, dass diese Völker zum grössten Theil aus reiner Bosheit handeln, und dass sie die Kirche verfolgen mit dem Bewusstsein dessen, was sie thun? Es handelt sich dabei nicht um die hervorragenden Führer und wirklichen Apostaten. Selbst unter diesen mag es verlorene Söhne geben. Leidet nicht die Kirche von ihrer Hand in grossem Maasse, was ihr göttlicher Stifter litt, als er am Kreuze angenagelt ausrief: „Vater, vergib ihnen, sie wissen nicht, was sie thun!"

Die Verfolger unserer Zeit dürfen nicht beurtheilt werden als solche, die in der Kirche geboren wurden und die, ihren göttlichen Charakter kennend, in einem unerklärlichen Abfall ihr den Rücken gekehrt. Wird ihr Straucheln den unvermeidlichen Fall aller ihrer Nachkommen nach sich ziehen? Gott behüte! Ihr zeitweiliger Verlust hat der Kirche Gewinn gebracht, und ihre Rückkehr wird beiden und durch sie der ganzen Welt Schätze bringen, „denn Gott ist mächtig, sie wiederum einzupfropfen." [1]

Die Kirche enthüllt dem durchdringenden Verstande der sächsischen Stämme ihr inneres göttliches Leben und ihre Schönheit; der energischen Individualität stellt sie die Erhebung zu einer übernatürlichen Vollkommenheit vor, und der grossen praktischen Thätigkeit eröffnet sie den Weg zur Entwicklung, indem sie den göttlichen Glauben über die ganze Erde ausbreitet.

Was die Rückkehr der Sachsen zur Kirche mächtig fördern wird, das ist die fortschreitende Thätigkeit der einflussreichen auflösenden Elemente im Protestantismus, der bis zur vollständigen Negation aller Religion geht. Denn die in allen Häresien liegenden Irrthümer tragen deren sichern Untergang in sich. Noch Jeder, der in diesen Irrthümern geboren ward, kehrte, sobald er diese Resultate sah, in den Schooss der Kirche zurück. Diese Bewegung wird durch die schnellere Auflösung des Protestantismus beschleunigt werden, da derselbe in der Schweiz und in Deutschland vor Kurzem unter eine gleich feindliche Gesetzgebung gestellt worden ist, wie die katholische Kirche. „Die Stösse, die auf die römische Kirche gezielt werden," so lautet das Geständniss eines seiner eigenen Organe, „haben doppelt starke Wirkung gegen die evangelische Kirche."

Bei einer verständigen positiven Bewegung auf Seiten der Kirche und bei der jetzt im Protestantismus vorhandenen, fortschreitenden negativen Bewegung wird die dem Christenthum im 16. Jahrhundert geschlagene schmerzliche Wunde bald, so hoffen wir, geschlossen und geheilt werden, um sich nimmer wieder zu öffnen.

## 16. Rückkehr der gemischt-sächsischen Volksstämme.

Christus tadelte die Juden, die im Entdecken der Witterungszeichen geschickt waren, dass sie die Zeichen der Zeit nicht zu erkennen vermöchten. Es gibt dort, wo wir es zuerst er-

---

[1] Röm. XI, 23.

warteten, nämlich bei den gemischt-sächsichen Stämmen in England und in den Vereinigten Staaten, sichere Beweise für die Rückkehr zur Kirche.

Die Vermischung der Angelsachsen mit dem Blute der Celten in frühern Tagen war die Ursache, dass sie zur Zeit der sogenannten Reformation mehr von den Lehren, dem Gottesdienste und der Organisation der katholischen Kirche behielten, als die reinen Sachsen Deutschlands. Gerade aus diesem Grunde zeigen sich bei ihnen die ersten unzweideutigen Symptome des Zurücktritts in den Schooss der Kirche.

Zu verschiedenen Zeiten haben Bewegungen in dieser Richtung stattgefunden, aber nie so ernsthaft und so allgemein, wie in unserer Zeit. Der Charakter und die Zahl der vom Anglicanismus zur katholischen Kirche Uebergetretenen brachte anfangs die englische Nation in gewaltige Aufregung. Doch jetzt hat dieselbe sich mit dieser Bewegung versöhnt; sie setzt sich fort und nimmt ihren Verlauf in den intelligenteren und einflussreicheren Klassen, trotz des krampfhaften Aufschrei's Lord Russels und des mehr boshaften Angriffs des früheren Ministerpräsidenten Gladstone.

Denen, die für solche Dinge offene Augen haben, ist es klar, dass Gott in unseren Tagen dem englischen Volke besondere Gnaden verleiht, und dass die Hoffnung fest gegründet ist, die da vorwärts schaut in die Zeit, wann England wieder eine Stelle unter den katholischen Nationen einnehmen wird.

Die Beweise für die Bewegung nach der katholischen Kirche hin sind noch klarer und allgemeiner in den Vereinigten Staaten. Es gibt in den Vereinigten Staaten weniger Vorurtheil und Feindseligkeit gegen die katholische Kirche, daher ist ihr Fortschritt dort weit grösser als in England.

Zu Anfang dieses Jahrhunderts stellte sich das Verhältniss der Katholiken wie 1 : 200 der gesammten Bevölkerung der amerikanischen Republik; ihr jetziges Verhältniss ist 1 : 6 oder 1 : 7 aller Einwohner. Vor Abschluss unseres Jahrhunderts werden die Katholiken alle andern Christusgläubigen der Republik zusammen genommen an Zahl übertreffen.

Diess ist keine phantastische, sondern eine auf sorgfältige statistische Studien gegründete Aufstellung, und die Schätzung ist mässig. Wenn selbst die Auswanderung aus katholischen Gegenden nach den Vereinigten Staaten ganz aufhören würde, was aber nicht geschehen wird, oder wenn sie sich sehr vermindern würde, so würde der von dieser Seite entstehende Ausfall reichlich durch die relativ zahlreicheren Geburten unter den Katholiken im Vergleich zur übrigen Bevölkerung ersetzt werden.

Der Geist, die Bestrebungen und die Form der politischen Regierung, welche das Volk der Vereinigten Staaten ererbt hat, sind streng und entschieden sächsisch; gleichwohl gibt es in der Republik keine anhänglicheren oder besseren Bürger, als die römisch-katholischen, und in der Kirche keine intelligenteren, thätigeren und ergebeneren Katholiken, als die 7 Millionen Katholiken dieser jungen und kräftigen Republik. Der katholische Glaube ist, verglichen mit dem Wachsthum der Bevölkerung in den Vereinigten Staaten, das einzige stetig fortschreitende religiöse Element: ein staunenswerther Beweis, dass die katholische Kirche überall blüht, wo eine anständige Freiheit herrscht, und wo die menschliche Natur ihren vollen Antheil an der Freiheit hat! Gebt der katholischen Kirche gleiche Rechte und gleichen Spielraum, und sie wird Europa und mit Europa die Welt gewinnen.

Wer will da noch die Behauptung wagen, dass diese zwei gemischt-sächsischen Nationen Englands und der Vereinigten Staaten in der Ordnung der göttlichen Vorsehung nicht als die Führer bestimmt sind in der grossen Bewegung der Rückkehr aller Sachsen zur heiligen, katholischen Kirche?

Die Sonne berührt in früher Dämmerung zuerst die höchsten Berggipfel, und dann erfüllt sie aufsteigend die tiefsten Thäler mit ihrem herrlichen Licht; so hat die Sonne der göttlichen Gnade begonnen, die Herzen der höchsten Lebensstellungen in England, in den Vereinigten Staaten und in Deutschland zu erleuchten, und welche menschliche Macht will die Ausbreitung ihres heiligen Lichtes in allen Seelen der gesammten Bevölkerung dieser Länder hindern?

## 17. Umwandlung der lateinisch-celtischen Stämme.

Seltsames Walten der göttlichen Vorsehung in Leitung der Nationen auf Erden! Während die Sachsen im Begriff sind, von der natürlichen zur übernatürlichen Lebensrichtung überzugehen, streben die lateinisch-celtischen Stämme mit Ungeduld nach einer natürlichen und sind schon in dieselbe eingetreten. Was bedeutet diess? Werden diese Stämme vor den Augen aller die Rollen wechseln?

Die gegenwärtige Uebergangsbewegung begann auf Seiten der lateinisch-celtischen Nationen im vergangenen Jahrhundert beim französichen Volke, das sowohl geographisch, als auch durch Blutsmischung den Sachsen am nächsten steht. Der Uebergang begann mit Gewalt, weil er zu einer Frühgeburt gebracht wurde, durch den Umstand, dass die Aufsicht, welche die Kirche als die natürliche Lenkerin der chrislichen Staaten Europa's geübt hatte, vom Protestantismus beiseite gesetzt wurde, besonders in Frankreich in Folge des Antheils, den dieses Land unter dem Namen Gallicanismus an dem Protestantismus nahm. Von dieser heilsamen Ueberwachung frei, unterdrückten König und Aristokratie das Volk nach eigenem Willen und Gefallen; und das Volk erhob sich wiederum wild in seiner Macht und schlug nach eigenem Willen und Gefallen die Köpfe der Könige und Aristokraten ab. Ludwig XIV. sagte in seinem Uebermuthe: „Der Staat bin ich!" Das Volk antwortete in seiner Leidenschaft: „Der Staat sind wir!"

Unter Führung der Kirche ging die Umbildung vom Feudalismus zu allen Formen der modernen Bürgerschaft in Ordnung, im Frieden und zum Wohle aller Klassen vor sich. Ohne diese Hülfe kommt die Gesellschaft vom Despotismus zur Anarchie und von der Anarchie zum Despotismus. Das französische Volk bemüht sich gegenwärtig und sucht ernstlich auf den rechten Weg des Fortschritts zu gelangen, den es kurz vorher durch sein Abweichen von der christlichen Gesellschaftsordnung verloren.

Die wahre Bewegung christlichen Fortschritts war auf destructive Bahnen abgelenkt worden, und diese revolutionär gewordene Bewegung hat sich in unseren Tagen nach Italien und Spanien fortgepflanzt.

Wenn man die Dinge nach ihrer äussern Erscheinung betrachtet, so ist in diesem Augenblick das Christenthum auf der einen Seite der Gefahr ausgesetzt, von den Verfolgungen der sächsischen Stämme ausgerottet, und auf der andern, durch den Abfall der lateinisch-celtischen Völker verläugnet zu werden. Das ist die grosse Trübsal, in die sich gegenwärtig die Kirche versetzt sieht. Sie empfindet einen schmerzlichen Kampf. Das destructive Werk, das Christenthum zu erdrücken, hat schon mit allen Mitteln dieser feindlichen Bestrebungen begonnen. Wenn, wie man sich einbildet, der christliche Glaube nur durch das Opfer der menschlichen Natur möglich ist, und wenn die natürliche Lebensbahn einzig durch das Opfer des christlichen Glaubens zu erkaufen ist, so bedarf es keines prophetischen Blicks, um die betrübenden Resultate für die christliche Religion in einer nicht fernen Zukunft vorauszusehen.

Doch es ist dem nicht so. Die Grundsätze, die schon von der Kirche aufgestellt und der Welt verkündet wurden, antworten zur Genüge auf diese Schwierigkeiten. Was unsere Zeit sucht, wonach die Gesellschaft verlangt, das ist, richtig verstanden, die Kenntniss dieser Grundsätze und ihre praktische Anwendung auf die gegenwärtige Noth.

Denn Gott ist in gleicher Weise der Urheber der Natur wie der Gnade, der Vernunft wie des Glaubens, dieser Erde wie des Himmels.

Das Wort, durch welches Alles gemacht wurde, was gemacht worden ist, und das Wort, welches Fleisch geworden, ist ein und dasselbe Wort. Das Licht, welches erleuchtet jeden Menschen, der in diese Welt kommt, und das Licht des christlichen

Glaubens ist, wenn auch verschieden dem Grade nach, doch dasselbe Licht. „Es gibt darum," um die Worte Pius' IX. zu gebrauchen, „nichts Unbesonneneres und Widersprechenderes, als die Annahme dass es zwischen beiden einen Widerspruch geben könne."[1] Ihr Zusammenhang ist ein innerer, ihre Beziehung eine ursprüngliche, sie sind im Wesen eins. Zu was Anderem wurde Christus Mensch, als um das Reich Gottes auf Erden zu errichten, als den Weg zum Reiche Gottes im Himmel?

Es kann den Männern unserer Generation, unter denen es so viele gibt, die sich bemühen, Gott zu vergessen, nicht zu oft wiederholt werden, dass Gott und nur Gott allein der Schöpfer und Erneuerer der Welt ist. Der Gott, welcher alle Dinge erschaffen, welcher Mensch geworden und das Werk der Wiedergeburt begonnen, ist derselbe Gott, welcher jetzt wirklich in der Kirche auf die Menschen und die Gesellschaft einwirkt, und der sein Wort zum Pfand dafür gegeben, dass er seine Wirksamkeit fortsetzen werde bis zum Ende der Welt. Von Gottes Kirche sich leiten lassen, heisst sich leiten lassen von Gott selbst. Es ist vergeblich, sich anderswo umzuschauen. „Die Gesellschaft," äusserte sich Pius IX., „ist in ein Labyrinth eingeschlossen, aus welchem sie nur durch die Hand Gottes wird errettet werden." Die Hand Gottes ist die Kirche. Diese Hand streckt sich der gegenwärtigen Generation ganz besonders deutlich und anziehend entgegen. Glückliches Geschlecht, das dazu gebracht werden kann, die ausgestreckte Hand zu erkennen und dem Wege allen wahren Fortschritts zu folgen, auf den sie so klar hinweist!

## 18. Aussicht in die Zukunft.

Während der letzten drei Jahrhunderte hatte die Kirche wegen der Natur ihrer Aufgabe hauptsächlich darauf hinzuwirken und ihren Einfluss dahin geltend zu machen, dass sie die menschliche Thätigkeit einschränkte. Ihr gegenwärtiger und

---

[1] Encyclica an die deutschen Bischöfe 1854.

zukünftiger Einfluss, der aus der Vollendung ihrer äusseren Organisation hervorgeht, wird sich darauf richten, eine gesteigerte Wirksamkeit hervorzurufen. Die erste Wirksamkeit war nothwendig zurückdrängend und unpopulär, die zweite wird im Gegentheil ausdehnend und populär sein. Die eine rief Kampf hervor, die andere wird sich Sympathien und fröhliche Mitwirkung erwerben. Die erstere war gerichtet nicht gegen die menschliche Thätigkeit überhaupt, sondern gegen die Uebertreibung dieser Thätigkeit. Die künftige wird die Erhebung und göttliche Ausdehnung derselben Thätigkeit sein, und ihr Fruchtbarkeit und Ruhm verleihen.

Die verschiedenen Stämme Europa's und der Vereinigten Staaten, die den Haupttheil der civilisirtesten Nationen der Welt ausmachen, würden bei verständiger Würdigung des göttlichen Charakters der Kirche, der so verschiedenartige Fähigkeiten und so grosse Kräfte zu Gebote stehen, die providentiellen Werkzeuge sein, um in Kürze das Licht des Glaubens auf der ganzen Welt auszubreiten und einen christlicheren Stand der Gesellschaft herzurichten.

Auf diesem Wege würde eine vollkommenere Verwirklichung der Weissagungen der Propheten, der Verheissungen und Gebete Christi und der wahren Bestrebungen aller edlen Seelen erzielt werden.

Das ist es, was, recht verstanden, unsere Zeit in ihren zahllosen Theorien und Reformprojecten verlangt.